OUR *Little* HEROES

A BILINGUAL BOOK BY **DAVID HEREDIA**

NUESTROS *pequeños* HÉROES

To my three little heroes,
Josefina, David Jr., and Elisa.
Papi loves you.
— D.H.

I'm the father of two daughters and a son, who are always eager to learn about innovators who look like them. My kids are proud of their heritage, and through art I continue to find ways to celebrate visionaries who come from a range of nationalities, ethnicities, and genders. When I was young, my family took great care in honoring people of color who accomplished great things. These people didn't appear in the books I read or the cartoons that I watched. I wanted to introduce my own children to notables they weren't learning about in school. As I began to do research for this book, I discovered the ever-evolving interpretation of what it means to be a person of color. There are heroes who come from privilege within their communities, but it felt important to include them and their contributions, which have inspired many people of color to greatness and still do so today. This book is a representation of the world's colorful history and the individuals who made it great!
— D.H.

A mis tres pequeños héroes,
Josefina, David y Elisa.
Papi los quiere mucho.
— D.H.

Soy padre de dos niñas y un niño que siempre quieren saber de innovadores que luzcan como ellos. Mis hijos están orgullosos de su herencia cultural y, por medio del arte, yo busco siempre la manera de celebrar a visionarios de otras nacionalidades, etnias y géneros.

Cuando era pequeño, mi familia rendía homenaje a personas de orígenes diversos que habían logrado grandes cosas. Estas personas no aparecían en los libros que yo leía ni en los dibujos animados que veía. Quería que mis hijos conocieran a personas notables sobre los que no les hablaban en la escuela. Cuando empecé a investigar para este libro, descubrí la diversidad que existía entre estos personajes.

Aquí aparecen héroes que eran privilegiados dentro de sus comunidades, pero me pareció importante incluirlos a ellos y a sus contribuciones, ya que han inspirado y siguen inspirando a muchos otros a seguir su ejemplo. ¡Este libro es una representación de la diversidad de la historia del mundo y de los individuos que la han forjado!

— D.H.

ISBN 978-1-338-71547-7

10 9 8 7 6 5 4 3 2 1   21 22 23 24 25

Printed in the U.S.A.   40

First Spanish bilingual printing, 2021

Original edition designed by Doan Buu and Patti Ann Harris
Original edition edited by Andrea Pinkney and Jess Harold
The text type was set in Eagle. The display type was set in Bulletto Killa.
The illustrations were created digitally, using Adobe Illustrator and Photoshop.

Background photos © Shutterstock: 7 bottom left (aga7ta), 7 bottom right (fckncg), 8 top right and throughout (KannaA), 9 bottom left (kao), 10 top right (Nikolaeva), 11 top left (Magnia), 11 top right (SAHAS2015), 11 bottom (elfinadesign), 12 top right (Theus), 12 bottom (Kittibowornphatnon), 15 top left (Peter Hermes Furian), 15 bottom right (akedesign), 16 bottom right (chuckstock), 17 bottom right (donfiore), 18 top (Rainer Lesniewski), 19 bottom left (Stockphotos RBL), 20 bottom right (archivector), 20 top (ZiaMary), 21 top left (Urban Napflin), 21 top right (Bakhtiar Zein), 22 top right (Carsten Reisinger), 22 bottom right (Aleksandr Andrushkiv), 23 bottom left (Rena Schild), 23 bottom right (SaveJungle), 24 top (Laura Reyero), 25 top (Theus), 25 bottom (Rainer Lesniewski), 27 bottom (ArtMari).

OUR Little HEROES

A BILINGUAL BOOK BY DAVID HEREDIA

NUESTROS pequeños HÉROES

Scholastic Inc.

Trailblazers.
History makers.
Barrier breakers.
Say hello to women and men who stood up, spoke out, and changed the world!

Pioneros.
Motores de la historia.
Demoledores de barreras.
Saluda a hombres y mujeres que dieron un paso al frente, alzaron su voz y cambiaron el mundo.

Ernie Barnes

An iconic athlete and artist, he used a paint canvas to show the beauty of the African American world.

Icónico atleta y artista que usó el lienzo para mostrar la belleza del mundo afroamericano.

Dr. Hawa Abdi

The first women's doctor from Somalia, her courage helped save thousands of refugees.

Dra. Hawa Abdi

Primera doctora de Somalia, cuyo coraje ayudó a salvar a miles de refugiados.

Ramón Emeterio Betances

Father of the Puerto Rican Independence movement, his gentle nature and grace made him an icon to people everywhere.

Padre del movimiento independentista de Puerto Rico, cuya naturaleza gentil lo convirtió en un ícono mundial.

Benazir Bhutto

The courageous Muslim woman who led a nation, she was chosen by the people to bring change to Pakistan.

Valiente mujer musulmana que fue elegida primera ministra de Paquistán por el pueblo, con la esperanza de que trajera un cambio a su país.

Sudhanshu Biswas

A spiritual leader and activist from India, he offers home and hearth to children without hope.

Líder espiritual y activista de la India que les ofrece un hogar a los niños sin esperanza.

Idelisa Bonnelly de Calventi

A Dominican marine biologist, her love for the ocean inspires us to keep sea animals safe.

Bióloga marina dominicana, cuyo amor por el océano nos inspira a cuidar la fauna marina.

Henry "Box" Brown

He became a beacon of hope to enslaved African Americans when he mailed himself to freedom.

Se convirtió en un faro de esperanza para los esclavos afroamericanos cuando escapó de la esclavitud enviándose a sí mismo por correo.

Joseph Boulogne
Chevalier de Saint-Georges

The first classical composer of African descent, he gave up his status and titles so that others like him could be equal in the eyes of France.

Primer compositor clásico de ascendencia africana. Renunció a sus privilegios y a sus títulos para que otros como él pudieran ser considerados iguales a los ojos de Francia.

Sitting Bull

His wisdom and courage were legendary; chief of the Hunkpapa Lakota Sioux people, he defended his people and land.

Toro Sentado

Jefe del pueblo Hunkpapa Lakota Sioux, que empleó su sabiduría y coraje legendarios para defender a su pueblo y a su tierra.

Silvia Carrera

The elected leader and advocate for education and health care, she is the voice for the indigenous women of Panama.

Líder y defensora del acceso de su pueblo a la educación y la salud, por lo que es considerada la voz de las mujeres indígenas de Panamá.

Dr. Margaret Chan

A bold physician from China who led the World Health Organization, she fights for a healthier world.

Dra. Margaret Chan

Intrépida doctora china que dirigió la Organización Mundial de la Salud y lucha por un mundo más sano.

Shirley Chisholm

The first African American woman elected to US Congress, she was "unbought and unbossed" and sharp as a tack.

Primera mujer afroamericana elegida congresista en Estados Unidos. Se le consideraba "insobornable e indomable" y extremadamente lista.

Dr. Rebecca Lee Crumpler

The first African American woman physician, as an author she used words and wisdom to thrive in spite of great inequality.

Dra. Rebecca Lee Crumpler

Primera doctora de origen afroamericano. Se valió de sus conocimientos para salir adelante a pesar de la desigualdad existente en su tiempo.

Bessie Coleman

The first woman pilot of African American and Cherokee ancestry, she dazzled the world and conquered the sky.

Primera mujer piloto de ascendencia afroamericana y cheroqui que deslumbró al mundo al conquistar el cielo.

Oscar de la Renta

He studied to be a painter, but as a fashion designer he brought his style to the world; the Dominican king of fashion.

Óscar de la Renta

Estudió pintura, pero fue como diseñador de moda que brindó su estilo al mundo y llegó a ser considerado el rey dominicano de la moda.

What makes an ordinary person a hero?
Meet more brave men and women who
stood up for what was right!

¿Cómo una persona normal se convierte en héroe?
¡Te presentamos a más hombres y mujeres valientes
que defendieron lo que creían justo!

Kahlil Gibran

A Lebanese American
philosopher,
his words on the page
speak truth and love.

Jalil Yibrán

*Filósofo libanés
americano, cuyas obras
literarias hablan de la
verdad y el amor.*

Arvind Gupta

A brilliant scientist
from India,
he turned one man's
trash into treasure
for a whole village.

*Brillante científico de la
India que logró convertir
basura en tesoros para
toda una aldea.*

Dr. Wanda Díaz-Merced

After losing her sight, this Puerto Rican astrophysicist used the sounds of science to remind us that knowledge needs to be accessible to all.

Dra. Wanda Díaz-Merced

Después de perder la visión, esta astrofísica puertorriqueña utilizó los sonidos de la ciencia para recordarnos que todos debemos tener acceso al conocimiento.

Fannie Lou Hamer

A courageous African American Civil Rights leader, she never let being "sick and tired" stop her from moving forward.

Valiente líder afroamericana del Movimiento por los derechos civiles que nunca permitió que estar "hasta la coronilla" le impidiera avanzar en su lucha.

SICK AND TIRED OF BEING SICK AND TIRED

Daniel Inouye

The first Japanese American member of US Congress, he never lost an election in Hawaii and was even awarded the Presidential Medal of Freedom.

Primer japonés americano miembro del Congreso de los Estados Unidos, quien nunca perdió una elección en Hawái y recibió la Medalla Presidencial de la Libertad.

Dr. Anandi Gopal Joshi

An American-trained doctor from India, she broke down barriers to save lives others could not.

Dra. Anandi Gopal Joshi

Doctora de la India que estudió en Estados Unidos y derribó barreras para salvar vidas que otros no podían salvar.

Yuri Kochiyama

A Japanese American advocate for people and peace, she taught us to "build bridges, not walls."

Activista japonesa americana que luchó por la paz y que nos enseñó a "construir puentes, no muros".

Tawakkol Karman

A Yemeni journalist and Nobel Peace Prize winner, she reminds us that words, not wars, have power.

Periodista yemenita y Premio Nobel de la Paz, quien nos recuerda que son las palabras y no las guerras las que tienen poder.

Argelia Laya

An activist and educator of Venezuela, she reminds us why we must sit as equals.

Activista y educadora de Venezuela que nos recuerda por qué es importante la igualdad entre hombres y mujeres.

Tracy Lewis

Standing tall against the flames, she became the second African American woman promoted to lieutenant by the New York City Fire Department.

Segunda mujer afroamericana promovida a teniente en el Departamento de Bomberos de la Ciudad de Nueva York, por su valentía frente a los incendios.

Maya Lin

A talented Chinese American architect, she honors soldiers and civil rights activists with historical monuments.

Talentosa arquitecta chino americana, cuyos monumentos históricos rinden homenaje a soldados y activistas por los derechos civiles.

VIETNAM WAR MEMORIAL

Manuel dos Reis Machado

He renewed a nation's love for its culture by founding the first school in Brazil for capoeira, a martial art disguised as dance.

Renovó el amor de una nación por su cultura al fundar en Brasil la primera escuela de capoeira, un arte marcial disfrazado de danza.

José Martí

A revolutionary philosopher and poet, his works became a symbol for Cuba's independence.

Poeta y pensador revolucionario, cuyas obras se convirtieron en símbolo de la independencia de Cuba.

Toussaint L'Ouverture

He fought to free his people from the shackles of slavery and oppression, making Haiti the first free Black nation in the western hemisphere.

Luchó para liberar a su pueblo de las cadenas de la esclavitud y la opresión, logrando que Haití fuera la primera nación negra libre del hemisferio occidental.

Dr. Kathrin Barboza Marquez

A Bolivian biologist who knew beauty exists even in the darkest of caves, she rediscovered a species of bat thought to be extinct.

Dra. Kathrin Barboza Márquez

Bióloga boliviana que sabía que la belleza existe hasta en la más oscura de las cuevas y que redescubrió una especie de murciélago que se consideraba extinto.

Heroes often do what everyone
else is afraid to.
What can YOU do to become a hero?

Los héroes suelen hacer lo
que los demás temen hacer.
¿Qué puedes hacer TÚ para ser un héroe?

Lenín Moreno

He has dedicated his
life to those
more vulnerable;
as president of Ecuador,
he will ensure that no
one is forgotten.

*Ha dedicado su vida a
los más vulnerables y
ahora, como presidente
de Ecuador, se asegura de
que nadie sea olvidado.*

Jorge Ramos

A top Mexican news anchor, he brings you news from all around the world.

Famoso reportero y presentador mexicano que nos trae noticias de todas partes del mundo.

Dr. José Rizal

A national hero of the Philippines, he fought against colonial persecution with the stroke of his pen.

Héroe nacional de Filipinas que, con su pluma, luchó contra la persecución colonial.

Arturo Alfonso Schomburg

Like an archaeologist, he uncovered the forgotten history of Afro-Latinos and African Americans, and showed us the power of his people.

Como un arqueólogo, sacó a la luz la historia olvidada de los afrolatinos y afroamericanos y nos mostró la fuerza de su gente.

Who is your favorite Little Hero?
What have these heroes taught you?

¿Quién es tu héroe favorito?
¿Qué te han enseñado estos héroes?

Sonia Sotomayor

A Bronx native and the first Puerto Rican US Supreme Court Justice, she proves the impossible is possible.

Nativa del Bronx y primera jueza puertorriqueña del Tribunal Supremo de los Estados Unidos. Probó que lo imposible era posible.

Dr. Ronald McNair

One of the first African Americans in space, he was a physicist whose legacy inspires us to keep reaching for the stars.

Físico de profesión y uno de los primeros afroamericanos en el espacio, cuyo legado nos inspira a apuntar a las estrellas.

Mansa Musa

A fourteenth-century ruler of the Mali Empire, he used his riches to help develop a nation and gave generously to his people.

Gobernante del Imperio de Malí en el siglo XIV que usó sus riquezas para desarrollar su nación y fue generoso con su pueblo.

Ellen Ka'kasolas Neel

The only woman artist of her era, she preserved the Kwakwaka'wakw culture in her woodwork.

Primera mujer talladora de postes totémicos que preservó la cultura de la tribu Kwakwaka'wakw en sus obras.

Sir Āpirana Turupa Ngata

Devoted to his Maori community, he was a political and cultural leader whose legacy lives on in the halls of New Zealand Parliament.

Líder político y cultural comprometido con su comunidad maorí, cuyo legado vive en los salones del Parlamento de Nueva Zelanda.

Buffalo Calf Road Woman

She rode into battle through a haze of danger to save her brother, and earned the respect of the Cheyenne people.

Mujer del Camino del Ternero de Búfalo

Se adentró en la batalla para salvar a su hermano sin reparar en el peligro, ganándose así el respeto del pueblo cheyene.

Zainab Salbi

An Iraqi-born humanitarian, she is dedicated to helping women heal from their war-torn past.

Mujer humanitaria nacida en Iraq que se dedica a ayudar a las mujeres a sanar las heridas causadas por las guerras.

Jamel Shabazz

A prolific African American photographer, he captures the fashion, art, culture, and beauty of NYC.

Prolífico fotógrafo afroamericano que capta la moda, el arte, la cultura y la belleza de la ciudad de Nueva York.

Junko Tabei

A courageous Japanese mountaineer and first woman to conquer all Seven Summits, she inspired us to never give up.

Valiente alpinista japonesa y primera mujer en conquistar las Siete Cumbres. Nos inspiró a nunca darnos por vencidos.

Rabindranath Tagore

With words that glisten like sweet honey, he was India's Renaissance man, the Bard of Bengal, and won the Nobel Prize in Literature.

Gracias a sus palabras, que relucen como dulce miel, se convirtió en el hombre del renacimiento en la India y el Bardo de Bengala, y ganó el Premio Nobel de Literatura.

Colonel Merryl Tengesdal

The first and only African American woman pilot to fly 70,000 feet in the air, she proves the sky's the limit.

Coronel Merryl Tengesdal

Primera y única mujer piloto afroamericana en volar a 70.000 pies, demostrando que el cielo es el límite.

Mamá Tingó

A Dominican activist who let nothing stand in her way, she fought for families to keep their land.

Activista dominicana que no permitió que nada se interpusiera en su camino y que luchó para que la tierra no les fuera arrebatada a las familias.

Jim Thorpe

One of the greatest athletes of the 1900s and a member of the Sac and Fox Nation, he was the first Native American to win his country an Olympic Gold.

Uno de los más importantes atletas del siglo XX, miembro de las naciones Fox y Sac. Fue el primer nativo americano en ganar una medalla de oro olímpica para Estados Unidos.

Johnny Ventura

A trailblazing Dominican musician, he captivated the world with his style and sound.

Innovador músico dominicano que cautivó al mundo con su estilo y sonoridad.

Madam C. J. Walker

A self-made millionaire, she used her wealth, knowledge, and drive to uplift other African American women.

Con su propio esfuerzo se convirtió en millonaria y usó su riqueza, conocimientos y energía para mejorar la vida de otras mujeres afroamericanas.

Granville T. Woods

An African American engineer and inventor, he made it safer to travel by train.

Ingeniero e inventor afroamericano que mejoró la seguridad de los viajes en tren.

Now you know them!
Heroes of many colors.
Who's *YOUR* hero?

¡Ahora los conoces!
Son nuestros héroes.
¿Quién es *TU* héroe?

David Heredia has worked for Walt Disney Animation, Warner Bros. Animation, and DC Collectibles. His six-time award-winning education video series "Heroes of Color" has been featured in the *New York Times*, on NPR, and PBS Online. He lives in Santa Clarita, California, with his wife and three children. For more information, visit David at heroesofcolor.com.

David Heredia ha trabajado para Walt Disney Animation, Warner Bros. Animation y DC Collectibles. Su serie de videos educativos "Heroes of Color" ha recibido seis premios y ha aparecido en el *New York Times*, NPR y PBS Online. Vive en Santa Clarita, California, con su esposa y sus tres hijos. Para más información, visita a David en heroesofcolor.com.